KB210221

민족사
사경 시리즈 2

사경 독송

한문

금강반야바라밀경

지혜 성취 기도 공덕

민족사

사경 공덕과 의미에 대하여

사경의 목적

사경(寫經)이란 경전을 직접 베껴 쓰는 것, 즉 필사(筆寫)하는 것을 말합니다. 사경의 유래는 부처님 말씀을 전하기 위하여 시작되었습니다. 과거 인쇄술이 없던 시대는 직접 사람이 베껴서 전하거나 읽는(독송) 방법밖에 없었습니다. 그 후 경전은 목판에 판각(板刻)하여 간행하게 되었으나, 여전히 공덕·복덕 개념에 힘입어 많은 사경이 이루어졌습니다.

사경의 첫 번째 목적은 부처님 말씀을 널리 유포하고자 하는 것이고, 두 번째 목적은 경전을 사경함으로써 얻게 되는 공덕·복덕·기원입니다. 세 번째는 사경을 하고 나면 기쁜 성취감과 행복감을 갖게 됩니다.

가족이 액난 없이 행복해지기를 바라는 마음에서 사경을 하기도 하고, 돌아가신 부모나 조상의 천도를 위해 사경을 하기도 합니다. 정성을 다해 경전을 사경하는 것은 선업(善業)을 쌓는 최상의 길이라고 할 수 있습니다.

사경의 공덕

사경 공덕에 대하여 《대방광불화엄경(大方廣佛華嚴經)》〈금강

당보살품〉에서는 "만일 어떤 사람이 경전을 베껴 쓴다면(寫經), 이것은 곧 부처님 법을 지키기 위한 것이기 때문에, 헤아릴 수 없는 공덕을 받는다."라고 하였습니다.

또 《묘법연화경(법화경)》 〈법사공덕품〉에서는 "만약 어떤 사람이 이 법화경을 수지(受持)·독송하고, 설하거나 사경(寫經)하면 이 사람은 마땅히 안(眼)·이(耳)·비(鼻)·설(舌)·신(身)·의(意) 육근이 모두 다 청정하고 건강해질 것이다."라고 하였습니다. 그 밖에도 《증일아함경》 1권 〈서품(序品)〉에서는 "만약 어떤 사람이 경전을 사경한다면, 그는 헤아릴 수 없는 무량한 공덕과 복을 받는다."고 하였습니다.

이상과 같이 여러 경전을 보면, 경전을 사경하는 공덕과 복덕이 헤아릴 수 없으며, 항상 부처님께서 보호해 주고, 모든 액난과 어려움을 면하게 해 준다고 설하고 있습니다.

사경은 마음을 정화하는 으뜸 방법

사경은 경전의 내용을 한 글자 한 글자 베껴 쓰는 것인데, 이것은 경전을 독송하는 공덕이 되고, 동시에 경전의 내용을 알게 되는 것이기도 합니다. 또한 사경 삼매(집중)를 통해 마음이 정화되며, 사경한 경전을 다른 사람에게 보시하면 그것은 곧 법보시를 하는 것이 되므로 더욱 공덕이 크다고 할 수 있습니다.

무착보살은 사경을 하면 다섯 가지 공덕이 있다고 말씀하였습니다. 첫 번째는 여래, 부처님을 친견할 수 있고, 두 번째는

복덕을 얻을 수 있고, 세 번째는 경전을 사경·찬탄하는 것 역시 수행이며, 네 번째는 많은 천인(天人)들로부터 공양을 받게 되며, 다섯 번째는 모든 죄가 소멸된다고 하였습니다.

그 밖에도 사경을 하면 몸과 마음, 정신이 맑아지고, 생각하는 것, 판단력도 정확해집니다. 특히 어려움이 닥치면 대부분 정신이 혼미하여 판단력을 상실하게 되는 경우가 많은데, 이때 사경을 하면 마음이 안정되고, 상황판단을 제대로 함으로써 어려움을 극복하게 됩니다.

특히 사업에 실패하신 분들은 반드시 사경을 하십시오. 그러면 새롭게 일어나 성공할 수 있습니다. 승진을 원하는 분도 마찬가지입니다. 살다 보면 그 누구든 어려움이 있기 마련입니다. 이때 사경을 하면 부처님의 가피로 마음이 안정되고, 명석한 판단력을 갖추게 되어 어려움을 극복하고 성공으로 나아갈 수 있습니다.

위와 같이 경전을 베껴 쓰는 사경은 많은 공덕·복덕이 있습니다. 이 좋은 사경 인연을 소중히 여기고 경건하고 공손한 태도로 환희심·감사심·자비심으로 사경을 하면 참으로 행복한 삶이 열릴 것입니다.

사경 자세와 마음가짐

1. 먼저 손을 깨끗이 씻고 단정히 앉아서 향을 피우고, 약 1~2분 동안 명상, 즉 마음을 가다듬은 다음 사경을 해야 합니다. 마음에 잡념이 있는 상태에서 사경을 하면 삐뚤삐뚤 글씨가 흐트러지게 됩니다.

2. 책상에서 바른 자세로 사경하는 것이 좋습니다. 바닥에 엎드려서 하면 쓰기는 편리한데 디스크, 고관절 등 허리병을 유발할 수 있습니다. 허리에 무리가 가지 않도록 사경해야 합니다.

3. 책상 위를 깨끗하게 정리 정돈한 다음 사경을 해야 합니다. 주변이 어지러우면 마음도 차분히 가라앉지 않게 되고 너저분한 환경에서는 사경이 잘 안 됩니다.

4. 가능한 한 붓이나 붓펜으로 사경을 하는 게 좋습니다. 대체로 붓이나 붓펜이 사경의 서체와 맞고, 일반 펜보다 더욱 정성을 기울여서 해야 하기 때문입니다·정서(正書, 바르게), 정서(淨書, 깨끗하게)로 사경을 마치고 나면 더욱 기쁨을 느끼게 되고, 사경한 경을 보관하고 싶은 마음도 들고, 보시하기도 좋습니다.

5. 사경 전 명상을 할 때는 마음속으로 "나무 석가모니불", "나무 아미타불", "나무 관세음보살" 등을 열 번 외우십시오.

6. 독송하면서 사경을 하면 독송 공덕과 사경 공덕을 함께 받게 됩니다. 또한 부처님 말씀의 참뜻을 되새기면서 알아차릴 수 있어서 더욱 좋은 방법입니다. 즉 사경이 경전을 공부하는 방법이 되기도 합니다.

7. 어느 경전이든 한 번에 사경을 완료할 수는 없습니다. 여러 번 해야 완성하게 되는데, 그럴 때는 사경하고 있는 경전을 깨끗한 곳, 높은 곳에 보관해 두어야 합니다. 완성한 뒤에도 부처님 말씀이 담겨 있으므로 마찬가지입니다. 낮은 곳에 두면 오염되기 쉽기 때문입니다.

8. 사경을 시작할 때, 그리고 사경을 한 다음에 합장하고 이 사경집의 끝에 있는 발원문을 쓰고 외우시면 좋습니다.

개경게 開經偈

무상심심미묘법 無上甚深微妙法
백천만겁난조우 百千萬劫難遭遇
아금문견득수지 我今聞見得受持
원해여래진실의 願解如來眞實義

최고로 깊고 미묘한 법(진리)을
백천만겁 지난들 어찌 만날 수 있으리.
제가 이제 듣고 보고 받아 지니니
부처님의 진실한 뜻 알아지이다.

개법장진언 開法藏眞言

옴 아라남 아라다
옴 아라남 아라다
옴 아라남 아라다

한문
사경

金剛般若波羅蜜經

지혜 성취 기도 공덕

금강반야바라밀경
金剛般若波羅蜜經

제1. 法會因由分
법회인유분

如是我聞 一時 佛在舍衛國 祇
여시아문 일시 불재사위국 기

樹給孤獨園 與大比丘衆 千二百
수급고독원 여대비구중 천이백

五十人俱 爾時 世尊 食時 着衣
오십인구 이시 세존 식시 착의

持鉢 入舍衛大城 乞食 於其城
지발 입사위대성 걸식 어기성
中 次第乞已 還至本處 飯食訖
중 차제걸이 환지본처 반사흘
收衣鉢 洗足已 敷座而坐
수의발 세족이 부좌이좌

제2. 善現起請分
선현기청분

時 長老 須菩提 在大衆中 卽從
시 장로 수보리 재대중중 즉종
座起 偏袒右肩 右膝着地 合掌
좌기 편단우견 우슬착지 합장

恭敬 而白佛言 希有世尊 如來
공경 이백불언 희유세존 여래

善護念 諸菩薩 善付囑 諸菩薩
선호념 제보살 선부촉 제보살

世尊 善男子 善女人 發阿耨多
세존 선남자 선여인 발아뇩다

羅三藐三菩提心 應云何住 云
라삼먁삼보리심 응운하주 운

何降伏其心 佛言 善哉善哉 須
하항복기심 불언 선재선재 수

菩提 如汝所說 如來 善護念 諸
보리 여여소설 여래 선호념 제

菩薩 善付囑 諸菩薩 汝今諦請
보살 선부촉 제보살 여금제청

14

當爲汝說 善男子 善女人 發阿
당위여설 선남자 선여인 발아
耨多羅三藐三菩提心 應如是住
녹다라삼먁삼보리심 응여시주
如是降伏其心 唯然 世尊 願樂
여시항복기심 유연 세존 원요
欲聞
욕문

제3. 大乘正宗分
대승정종분

佛告 須菩提 諸菩薩摩訶薩 應
불고 수보리 제보살마하살 응

如是降伏其心　所有一切衆生之
여시항복기심　소유일체중생지

類　若卵生　若胎生　若濕生　若化
류　약란생　약태생　약습생　약화

生　若有色　若無色　若有想　若無
생　약유색　약무색　약유상　약무

想　若非有想非無想　我皆令入
상　약비유상비무상　아개영입

無餘涅槃　而滅度之　如是滅度
무여열반　이멸도지　여시멸도

無量無數無邊衆生　實無衆生得
무량무수무변중생　실무중생득

滅度者　何以故　須菩提　若菩薩
멸도자　하이고　수보리　약보살

有我相 人相 衆生相 壽者相 卽
유아상 인상 중생상 수자상 즉
非菩薩
비보살

제4. 妙行無住分
묘행무주분

復次 須菩提 菩薩於法 應無所
부차 수보리 보살어법 응무소
住 行於布施 所謂 不住色布施
주 행어보시 소위 부주색보시
不住聲香味觸法布施 須菩提
부주성향미촉법보시 수보리

菩薩　應如是布施　不住於相　何
보살　응여시보시　부주어상　하
以故　若菩薩　不住相布施　其福
이고　약보살　부주상보시　기복
德　不可思量　須菩提　於意云何
덕　불가사량　수보리　어의운하
東方虛空　可思量不　不也　世尊
동방허공　가사량부　불야　세존
須菩提　南西北方　四維上下虛空
수보리　남서북방　사유상하허공
可思量不　不也　世尊　須菩提　菩
가사량부　불야　세존　수보리　보
薩　無住相布施福德　亦復如是
살　무주상보시복덕　역부여시

不可思量 須菩提 菩薩 但應如
불가사량 수보리 보살 단응여
所敎住
소교주

제5. 如理實見分
　　　여리실견분

須菩提 於意云何 可以身相 見
수보리 어의운하 가이신상 견
如來不 不也 世尊 不可以身相
여래부 불야 세존 불가이신상
得見如來 何以故 如來所說 身
득견여래 하이고 여래소설 신

相 卽非身相 佛告 須菩提 凡所
상 즉비신상 불고 수보리 범소
有相 皆是虛妄 若見諸相非相
유상 개시허망 약견제상비상
卽見如來
즉견여래

제6. 正信希有分
정신희유분

須菩提 白佛言 世尊 頗有眾生
수보리 백불언 세존 파유중생
得聞如是言說章句 生實信不 佛
득문여시언설장구 생실신부 불

告 須菩提 莫作是說 如來滅後
고 수보리 막작시설 여래멸후

後五百歲 有持戒修福者 於此章
후오백세 유지계수복자 어차장

句 能生信心 以此爲實 當知是
구 능생신심 이차위실 당지시

人 不於一佛二佛三四五佛 而
인 불어일불이불삼사오불 이

種善根 已於無量千萬佛所 種
종선근 이어무량천만불소 종

諸善根 聞是章句 乃至 一念 生
제선근 문시장구 내지 일념 생

淨信者 須菩提 如來 悉知悉見
정신자 수보리 여래 실지실견

是諸衆生 得如是無量福德 何
시제중생 득여시무량복덕 하

以故 是諸衆生 無復我相 人相
이고 시제중생 무부아상 인상

衆生相 壽者相 無法相 亦無非
중생상 수자상 무법상 역무비

法相 何以故 是諸衆生 若心取
법상 하이고 시제중생 약심취

相 卽爲着我人衆生壽者 何以
상 즉위착아인중생수자 하이

故 若取法相 卽着我人衆生壽
고 약취법상 즉착아인중생수

者 若取非法相 卽着我人衆生
자 약취비법상 즉착아인중생

壽者 是故 不應取法 不應取非
수자 시고 불응취법 불응취비

法 以是義故 如來常說 汝等比
법 이시의고 여래상설 여등비

丘 知我說法 如筏喩者 法尙應
구 지아설법 여벌유자 법상응

捨 何況非法
사 하황비법

제7. 無得無說分
무득무설분

須菩提 於意云何 如來 得阿耨
수보리 어의운하 여래 득아뇩

多羅三藐三菩提耶 如來 有所
다라삼먁삼보리야 여래 유소

說法耶 須菩提言 如我解佛所
설법야 수보리언 여아해불소

說義 無有定法 名阿耨多羅三藐
설의 무유정법 명아뇩다라삼먁

三菩提 亦無有定法 如來可說
삼보리 역무유정법 여래가설

何以故 如來所說法 皆不可取
하이고 여래소설법 개불가취

不可說 非法 非非法 所以者何
불가설 비법 비비법 소이자하

一切賢聖 皆以無爲法 而有差別
일체현성 개이무위법 이유차별

제8. 依法出生分
의법출생분

須菩提 於意云何 若人 滿三千
수보리 어의운하 약인 만삼천

大千世界 七寶 以用布施 是人
대천세계 칠보 이용보시 시인

所得福德 寧爲多不 須菩提言
소득복덕 영위다부 수보리언

甚多 世尊 何以故 是福德 卽非
심다 세존 하이고 시복덕 즉비

福德性 是故 如來說 福德多 若
복덕성 시고 여래설 복덕다 약

復有人 於此經中 受持 乃至 四
부유인 어차경중 수지 내지 사
句偈等 爲他人說 其福勝彼 何
구게등 위타인설 기복승피 하
以故 須菩提 一切諸佛 及 諸佛
이고 수보리 일체제불급 제불
阿耨多羅三藐三菩提法 皆從此
아뇩다라삼막삼보리법 개종차
經出 須菩提 所謂 佛法者 卽非
경출 수보리 소위 불법자 즉비
佛法
불법

제9. 一相無相分
일상무상분

須菩提 於意云何 須陀洹 能作
수보리 어의운하 수다원 능작
是念 我得須陀洹果不 須菩提
시념 아득수다원과부 수보리
言 不也 世尊 何以故 須陀洹
언 불야 세존 하이고 수다원
名爲入流 而無所入 不入色聲
명위입류 이무소입 불입색성
香味觸法 是名須陀洹 須菩提
향미촉법 시명수다원 수보리

27

於意云何 斯陀含 能作是念 我
어의운하 사다함 능작시념 아

得斯陀含果不 須菩提言 不也
득사다함과부 수보리언 불야

世尊 何以故 斯陀含 名一往來
세존 하이고 사다함 명일왕래

而實無往來 是名斯陀含 須菩
이실무왕래 시명사다함 수보

提 於意云何 阿那含 能作是念
리 어의운하 아나함 능작시념

我得阿那含果不 須菩提言 不
아득아나함과부 수보리언 불

也 世尊 何以故 阿那含 名爲不
야 세존 하이고 아나함 명위불

來 而實無不來 是故 名阿那含
래 이실무불래 시고 명아나함

須菩提 於意云何 阿羅漢 能作
수보리 어의운하 아라한 능작

是念 我得阿羅漢道不 須菩提
시념 아득아라한도부 수보리

言 不也 世尊 何以故 實無有法
언 불야 세존 하이고 실무유법

名阿羅漢 世尊 若阿羅漢作是念
명아라한 세존 약아라한작시념

我得阿羅漢道 卽爲着我人衆生
아득아라한도 즉위착아인중생

壽者 世尊 佛說 我得無諍三昧
수자 세존 불설 아득무쟁삼매

人中 最爲第一 是 第一離欲阿
인중 최위제일 시 제일이욕아

羅漢 世尊 我不作是念 我是離
라한 세존 아부작시념 아시이

欲阿羅漢 世尊 我若作是念 我
욕아라한 세존 아약작시념 아

得阿羅漢道 世尊 卽不說 須菩
득아라한도 세존 즉불설 수보

提 是樂阿蘭那行者 以須菩提
리 시요아란나행자 이수보리

實無所行 而名須菩提 是樂阿
실무소행 이명수보리 시요아

蘭那行
란나행

제10. 莊嚴淨土分
장엄정토분

佛告 須菩提 於意云何 如來昔
불고 수보리 어의운하 여래석

在燃燈佛所 於法有所得不 不
재연등불소 어법유소득부 불

也 世尊 如來在燃燈佛所 於法
야 세존 여래재연등불소 어법

實無所得 須菩提 於意云何 菩
실무소득 수보리 어의운하 보

薩莊嚴佛土不 不也 世尊 何以
살장엄불토부 불야 세존 하이

故 莊嚴佛土者 卽非莊嚴 是名
고 장엄불토자 즉비장엄 시명

莊嚴 是故 須菩提 諸菩薩摩訶
장엄 시고 수보리 제보살마하

薩 應如是生 淸淨心 不應住色
살 응여시생 청정심 불응주색

生心 不應住聲香味觸法生心
생심 불응주성향미촉법생심

應無所住 而生其心 須菩提 譬
응무소주 이생기심 수보리 비

如有人 身如須彌山王 於意云何
여유인 신여수미산왕 어의운하

是身爲大不 須菩提言 甚大 世
시신위대부 수보리언 심대 세

尊 何以故 佛說非身 是名大身
존 하이고 불설비신 시명대신

제11. 無爲福勝分
무위복승분

須菩提 如恒河中 所有沙數 如
수보리 여항하중 소유사수 여
是沙等恒河 於意云何 是諸恒
시사등항하 어의운하 시제항
河沙 寧爲多不 須菩提言 甚多
하사 영위다부 수보리언 심다
世尊 但諸恒河 尙多無數 何況
세존 단제항하 상다무수 하황

其沙　須菩提　我今實言告汝　若
기사　수보리　아금실언고여　약

有　善男子　善女人　以七寶滿爾
유　선남자　선여인　이칠보만이

所　恒河沙數　三千大千世界　以
소　항하사수　삼천대천세계　이

用布施　得福多不　須菩提言　甚
용보시　득복다부　수보리언　심

多　世尊　佛告　須菩提　若善男子
다　세존　불고　수보리　약선남자

善女人　於此經中　乃至　受持　四
선여인　어차경중　내지　수지　사

句偈等　爲他人說　而此福德　勝
구게등　위타인설　이차복덕　승

前福德
전복덕

제12. 尊重正教分
　　　존중정교분

復次 須菩提 隨說是經 乃至 四
부차 수보리 수설시경 내지 사
句偈等 當知此處 一切世間 天
구게등 당지차처 일체세간 천
人阿修羅 皆應供養 如佛塔廟
인아수라 개응공양 여불탑묘
何況有人 盡能受持讀誦 須菩
하황유인 진능수지독송 수보

提 當知是人 成就最上第一希有
리 당지시인 성취최상제일희유
之法 若是經典 所在之處 卽爲
지법 약시경전 소재지처 즉위
有佛 若尊重弟子
유불 약존중제자

제13. 如法受持分
여법수지분

爾時 須菩提 白佛言 世尊 當何
이시 수보리 백불언 세존 당하
名此經 我等云何奉持 佛告 須
명차경 아등운하봉지 불고 수

菩提 是經 名爲金剛般若波羅
보리 시경 명위금강반야바라

蜜 以是名字 汝當奉持 所以者
밀 이시명자 여당봉지 소이자

何 須菩提 佛說 般若波羅蜜 卽
하 수보리 불설 반야바라밀 즉

非 般若波羅蜜 是名 般若波羅
비 반야바라밀 시명 반야바라

蜜 須菩提 於意云何 如來有所
밀 수보리 어의운하 여래유소

說法不 須菩提 白佛言 世尊 如
설법부 수보리 백불언 세존 여

來無所說 須菩提 於意云何 三
래무소설 수보리 어의운하 삼

千大千世界 所有微塵 是爲多不
천대천세계 소유미진 시위다부

須菩提言 甚多 世尊 須菩提 諸
수보리언 심다 세존 수보리 제

微塵 如來說 非微塵 是名微塵
미진 여래설 비미진 시명미진

如來說 世界 非世界 是名世界
여래설 세계 비세계 시명세계

須菩提 於意云何 可以三十二相
수보리 어의운하 가이삼십이상

見如來不 不也 世尊 不可以三
견여래부 불야 세존 불가이삼

十二相 得見如來 何以故 如來
십이상 득견여래 하이고 여래

說 三十二相 卽是非相 是名 三
설 삼십이상 즉시비상 시명 삼

十二相 須菩提 若有 善男子 善
십이상 수보리 약유 선남자 선

女人 以恒河沙等 身命布施 若
여인 이항하사등 신명보시 약

復有人 於此經中 乃至 受持 四
부유인 어차경중 내지 수지 사

句偈等 爲他人說 其福甚多
구게등 위타인설 기복심다

제14. 離相寂滅分
이상적멸분

爾時　須菩提　聞說是經　深解義
이시　수보리　문설시경　심해의

趣　涕淚悲泣　而白佛言　希有世
취　체루비읍　이백불언　희유세

尊　佛說如是　甚深經典　我從昔
존　불설여시　심심경전　아종석

來　所得慧眼　未曾得聞　如是之
래　소득혜안　미증득문　여시지

經　世尊　若復有人　得聞是經　信
경　세존　약부유인　득문시경　신

心淸淨 卽生實相 當知是人 成
심청정 즉생실상 당지시인 성

就第一希有功德 世尊 是實相
취제일희유공덕 세존 시실상

者 卽是非相 是故 如來說名實
자 즉시비상 시고 여래설명실

相 世尊 我今得聞 如是經典 信
상 세존 아금득문 여시경전 신

解受持 不足爲難 若當來世 後
해수지 부족위난 약당래세 후

五百歲 其有衆生 得聞是經 信
오백세 기유중생 득문시경 신

解受持 是人 卽爲第一希有 何
해수지 시인 즉위제일희유 하

41

以故 此人 無我相 無人相 無
이고 차인 무아상 무인상 무

衆生相 無壽者相 所以者何 我
중생상 무수자상 소이자하 아

相 卽是非相 人相 衆生相 壽
상 즉시비상 인상 중생상 수

者相 卽是非相 何以故 離一切
자상 즉시비상 하이고 이일체

諸相 卽名諸佛 佛告 須菩提 如
제상 즉명제불 불고 수보리 여

是如是 若復有人 得聞是經 不
시여시 약부유인 득문시경 불

驚不怖不畏 當知是人 甚爲希
경불포불외 당지시인 심위희

有 何以故 須菩提 如來說 第一
유 하이고 수보리 여래설 제일

波羅蜜 卽非第一波羅蜜 是名
바라밀 즉비제일바라밀 시명

第一波羅蜜 須菩提 忍辱波羅
제일바라밀 수보리 인욕바라

蜜 如來說 非忍辱波羅蜜 何以
밀 여래설 비인욕바라밀 하이

故 須菩提 如我昔爲 迦利王 割
고 수보리 여아석위 가리왕 할

截身體 我於爾時 無我相 無人
절신체 아어이시 무아상 무인

相 無衆生相 無壽者相 何以故
상 무중생상 무수자상 하이고

我於往昔 節節支解時 若有 我
아어왕석 절절지해시 약유 아

相 人相 衆生相 壽者相 應生嗔
상 인상 중생상 수자상 응생진

恨 須菩提 又念 過去於五百世
한 수보리 우념 과거어오백세

作忍辱仙人 於爾所世 無我相
작인욕선인 어이소세 무아상

無人相 無衆生相 無壽者相 是
무인상 무중생상 무수자상 시

故 須菩提 菩薩 應離一切相 發
고 수보리 보살 응리일체상 발

阿耨多羅三藐三菩提心 不應住
아뇩다라삼먁삼보리심 불응주

44

色生心 不應住聲香味觸法生心
색생심 불응주성향미촉법생심

應生無所住心 若心有住 卽爲非
응생무소주심 약심유주 즉위비

住 是故 佛說 菩薩 心不應住色
주 시고 불설 보살 심불응주색

布施 須菩提 菩薩 爲利益 一切
보시 수보리 보살 위이익 일체

衆生 應如是布施 如來說 一切
중생 응여시보시 여래설 일체

諸相 卽是非相 又說 一切衆生
제상 즉시비상 우설 일체중생

卽非衆生 須菩提 如來是 眞語
즉비중생 수보리 여래시 진어

者 實語者 如語者 不狂語者 不
자 실어자 여어자 불광어자 불

異語者 須菩提 如來所得法 此
이어자 수보리 여래소득법 차

法 無實無虛 須菩提 若菩薩 心
법 무실무허 수보리 약보살 심

住於法 而行布施 如人入闇 卽
주어법 이행보시 여인입암 즉

無所見 若菩薩 心不住法 而行
무소견 약보살 심불주법 이행

布施 如人有目 日光明照 見種
보시 여인유목 일광명조 견종

種色 須菩提 當來之世 若有 善
종색 수보리 당래지세 약유 선

男子 善女人 能於此經 受持讀
남자 선여인 능어차경 수지독
誦 卽爲如來 以佛智慧 悉知是
송 즉위여래 이불지혜 실지시
人 悉見是人 皆得成就 無量無
인 실견시인 개득성취 무량무
邊功德
변공덕

제15. 持經功德分
지경공덕분

須菩提 若有善男子 善女人 初
수보리 약유선남자 선여인 초

日分　以恒河沙等身　布施　中日
일분　이항하사등신　보시　중일

分　復以恒河沙等身　布施　後日
분　부이항하사등신　보시　후일

分　亦以恒河沙等身　布施　如是
분　역이항하사등신　보시　여시

無量百千萬億劫　以身布施　若復
무량백천만억겁　이신보시　약부

有人　聞此經典　信心不逆　其福
유인　문차경전　신심불역　기복

勝彼　何況　書寫受持讀誦　爲人
승피　하황　서사수지독송　위인

解說　須菩提　以要言之　是經有
해설　수보리　이요언지　시경유

不可思議 不可稱量 無邊功德
불가사의 불가칭량 무변공덕

如來 爲發大乘者說 爲發最上
여래 위발대승자설 위발최상

乘者說 若有人 能受持讀誦 廣
승자설 약유인 능수지독송 광

爲人說 如來 悉知是人 悉見是
위인설 여래 실지시인 실견시

人 皆得成就 不可量 不可稱 無
인 개득성취 불가량 불가칭 무

有邊 不可思議功德 如是人等
유변 불가사의공덕 여시인등

卽爲荷擔 如來 阿耨多羅三藐三
즉위하담 여래 아뇩다라삼먁삼

49

菩提 何以故 須菩提 若樂小法
보리 하이고 수보리 약요소법

者 着我見 人見 衆生見 壽者見
자 착아견 인견 중생견 수자견

卽於此經 不能聽受讀誦 爲人
즉어차경 불능청수독송 위인

解說 須菩提 在在處處 若有此
해설 수보리 재재처처 약유차

經 一切世間 天人阿修羅 所應
경 일체세간 천인아수라 소응

供養 當知此處 卽爲是塔 皆應
공양 당지차처 즉위시탑 개응

恭敬 作禮圍繞 以諸華香 而散
공경 작례위요 이제화향 이산

其處
기처

제16. 能淨業障分
능정업장분

復次 須菩提 善男子 善女人 受
부차 수보리 선남자 선여인 수
持讀誦此經 若爲人輕賤 是人
지독송차경 약위인경천 시인
先世罪業 應墮惡道 以今世人輕
선세죄업 응타악도 이금세인경
賤故 先世罪業 卽爲消滅 當得阿
천고 선세죄업 즉위소멸 당득아

耨多羅三藐三菩提 須菩提 我念
뇩다라삼먁삼보리 수보리 아념

過去無量阿僧祇劫 於燃燈佛前
과거무량아승지겁 어연등불전

得値八百四千萬億那由他 諸佛
득치팔백사천만억나유타 제불

悉皆供養承事 無空過者 若復有
실개공양승사 무공과자 약부유

人 於後末世 能受持讀誦此經
인 어후말세 능수지독송차경

所得功德 於我所供養 諸佛功
소득공덕 어아소공양 제불공

德 百分不及一 千萬億分 乃至
덕 백분불급일 천만억분 내지

算數譬喩 所不能及 須菩提 若
산수비유 소불능급 수보리 약
善男子 善女人 於後末世 有受
선남자 선여인 어후말세 유수
持讀誦此經 所得功德 我若 具
지독송차경 소득공덕 아약 구
說者 或有人聞 心卽狂亂 狐疑
설자 혹유인문 심즉광란 호의
不信 須菩提 當知 是經義 不可
불신 수보리 당지 시경의 불가
思議 果報 亦不可思議
사의 과보 역불가사의

제17. 究竟無我分
구경무아분

爾時 須菩提 白佛言 世尊 善男
이시 수보리 백불언 세존 선남

子 善女人 發阿耨多羅三藐三菩
자 선여인 발아뇩다라삼먁삼보

提心 云何應住 云何降伏其心
리심 운하응주 운하항복기심

佛告 須菩提 若善男子 善女人
불고 수보리 약선남자 선여인

發阿耨多羅三藐三菩提心者 當
발아뇩다라삼먁삼보리심자 당

54

生如是心 我應滅度 一切衆生
생여시심 아응멸도 일체중생

滅度 一切衆生已 而無有一衆
멸도 일체중생이 이무유일중

生 實滅度者 何以故 須菩提 若
생 실멸도자 하이고 수보리 약

菩薩 有 我相 人相 衆生相 壽
보살 유 아상 인상 중생상 수

者相 卽非菩薩 所以者何 須菩
자상 즉비보살 소이자하 수보

提 實無有法 發阿耨多羅三藐三
리 실무유법 발아뇩다라삼먁삼

菩提心者 須菩提 於意云何 如
보리심자 수보리 어의운하 여

來　於燃燈佛　所有法得　阿耨多
래　어연등불　소유법득　아뇩다

羅三藐三菩提不　不也　世尊　如
라삼막삼보리부　불야　세존　여

我解佛所說義　佛於燃燈佛所
아해불소설의　불어연등불소

無有法得　阿耨多羅三藐三菩提
무유법득　아뇩다라삼막삼보리

佛言　如是如是　須菩提　實無有
불언　여시여시　수보리　실무유

法　如來得　阿耨多羅三藐三菩提
법　여래득　아뇩다라삼막삼보리

須菩提　若有法　如來得　阿耨多
수보리　약유법　여래득　아뇩다

羅三藐三菩提者 燃燈佛 即不
라삼먁삼보리자 연등불 즉불

與我授記 汝於來世 當得作佛
여아수기 여어래세 당득작불

號 釋迦牟尼 以實無有法得 阿
호 석가모니 이실무유법득 아

耨多羅三藐三菩提 是故 燃燈
뇩다라삼먁삼보리 시고 연등

佛 與我授記 作是言 汝於來世
불 여아수기 작시언 여어래세

當得作佛 號 釋迦牟尼 何以故
당득작불 호 석가모니 하이고

如來者 即諸法如義 若有人言
여래자 즉제법여의 약유인언

如來得阿耨多羅三藐三菩提 須
여래득아뇩다라삼먁삼보리 수

菩提 實無有法 佛得阿耨多羅三
보리 실무유법 불득아뇩다라삼

藐三菩提 須菩提 如來所得 阿
먁삼보리 수보리 여래소득 아

耨多羅三藐三菩提 於是中 無實
뇩다라삼먁삼보리 어시중 무실

無虛 是故 如來說 一切法 皆是
무허 시고 여래설 일체법 개시

佛法 須菩提 所言 一切法者 卽
불법 수보리 소언 일체법자 즉

非一切法 是故 名一切法 須菩
비일체법 시고 명일체법 수보

불교전문 출판사 민족사 사경 시리즈 특징
(민족사 02-732-2403~4)

"이 경전(금강경)을 베껴 쓰고(書寫), 받아 지니고(受持), 읽고 외우고(讀誦),
나아가 다른 이들에게 설명해 준다면 그 공덕은 이루 말할 수가 없느니라." (금강경)

첫 번째, 가장 큰 특징은 글씨가 크고, 한 권 속에 번역(한글)과 원문(한문), 그리고 한자 독음(讀音)까지 달려 있다는 것입니다. 글씨도 붓글씨 서체인 궁서체로 편집되어 있어서 사경을 하기가 매우 좋고, 인쇄 농도 조절을 잘 맞추어서 사경은 물론 독송도 충분히 가능하다는 것입니다.

두 번째, 앞부분에 '사경 공덕과 의미에 대하여', '사경 자세와 마음가짐', 사경 방법, 사경 시 주의 사항, 그리고 사경을 마친 뒤에 하는 '사경 공덕 발원문'이 끝에 첨부되어 있습니다. 그래서 혼자서도 누구나 사경을 할 수 있도록 이끌어 주고 있습니다. 특히 '사경의 목적'과 '사경의 공덕' 등 자세한 안내는 처음 혼자 사경을 하는 불자들에게 확실한 길잡이가 되고 있습니다.

세 번째, 책장이 잘 넘어갈 수 있도록 제본(실 제책)되어 있습니다. 책장이 잘 넘어가지 않으면 사경을 하는 데 매우 불편합니다. 이것이 민족사 사경용 경전의 장점입니다.

네 번째, 표지 디자인이 매우 좋습니다. 표지에는 불교의 이미지를 담고 있고 색상도 밝고 산뜻해서 선물용으로도 손색이 없습니다.

누구나 사경 방법과 의미, 주의 사항 등을 숙지한 다음 정성을 다해 한 자 한 자 쓰고 읽으면 근심, 걱정 등 번뇌가 사라지고 마음의 평안을 얻게 됩니다. 동시에 부처님께서 말씀하신 경전을 사경(寫經), 독송하면 그 공덕으로 인하여 모든 액난을 물리칠 수 있고 어려움을 극복하게 됩니다. 이것이 사경의 가장 큰 공덕입니다.

	민족사 사경 시리즈	주 제	가 격
❶	금강반야바라밀경(한글)	지혜 성취 기도 공덕	8,500원
❷	금강반야바라밀경(한문)		8,000원
❸	아미타경(한글·한문)	극락왕생 기도 공덕	7,500원
❹	관세음보살보문품(한글·한문)	고난 소멸 기도 공덕	7,500원
❺	부모은중경(한글·한문)	효행 기도 공덕	8,500원

*기타 경전도 계속 간행 예정입니다.

提　譬如人身長大　須菩提言　世
리　비여인신장대　수보리언　세

尊　如來說　人身長大　卽爲非大
존　여래설　인신장대　즉위비대

身　是名大身　須菩提　菩薩　亦如
신　시명대신　수보리　보살　역여

是　若作是言　我當滅度　無量衆
시　약작시언　아당멸도　무량중

生　卽不名菩薩　何以故　須菩提
생　즉불명보살　하이고　수보리

實無有法　名爲菩薩　是故　佛說
실무유법　명위보살　시고　불설

一切法　無我　無人　無衆生　無
일체법　무아　무인　무중생　무

壽者 須菩提 若菩薩 作是言 我
수자 수보리 약보살 작시언 아

當莊嚴佛土 是不名菩薩 何以故
당장엄불토 시불명보살 하이고

如來說 莊嚴佛土者 卽非莊嚴
여래설 장엄불토자 즉비장엄

是名莊嚴 須菩提 若菩薩 通達
시명장엄 수보리 약보살 통달

無我法者 如來說 名 眞是菩薩
무아법자 여래설 명 진시보살

제18. 一體同觀分
일체동관분

須菩提　於意云何　如來有肉眼
수보리　어의운하　여래유육안
不　如是世尊　如來有肉眼　須菩
부　여시세존　여래유육안　수보
提　於意云何　如來有天眼不　如
리　어의운하　여래유천안부　여
是世尊　如來有天眼　須菩提　於
시세존　여래유천안　수보리　어
意云何　如來有慧眼不　如是世
의운하　여래유혜안부　여시세

尊 如來有慧眼 須菩提 於意云
존 여래유혜안 수보리 어의운

何 如來有法眼不 如是世尊 如
하 여래유법안부 여시세존 여

來有法眼 須菩提 於意云何 如
래유법안 수보리 어의운하 여

來有佛眼不 如是世尊 如來有佛
래유불안부 여시세존 여래유불

眼 須菩提 於意云何 如恒河中
안 수보리 어의운하 여항하중

所有沙 佛說是沙不 如是世尊
소유사 불설시사부 여시세존

如來說是沙 須菩提 於意云何
여래설시사 수보리 어의운하

如一恒河中所有沙　有如是沙等
여일항하중소유사　유여시사등

恒河　是諸　恒河所有沙數　佛世
항하　시제　항하소유사수　불세

界　如是　寧爲多不　甚多　世尊　佛
계　여시　영위다부　심다　세존　불

告　須菩提　爾所國土中　所有衆
고　수보리　이소국토중　소유중

生　若干種心　如來悉知　何以故
생　약간종심　여래실지　하이고

如來說　諸心　皆爲非心　是名爲
여래설　제심　개위비심　시명위

心　所以者何　須菩提　過去心　不
심　소이자하　수보리　과거심　불

可得 現在心 不可得 未來心 不
가득 현재심 불가득 미래심 불

可得
가득

제19. 法界通化分
법계통화분

須菩提 於意云何 若有人 滿三
수보리 어의운하 약유인 만삼

千大千世界七寶 以用布施 是人
천대천세계칠보 이용보시 시인

以是因緣 得福多不 如是世尊
이시인연 득복다부 여시세존

此人 以是因緣 得福甚多 須菩
차인 이시인연 득복심다 수보

提 若福德有實 如來不說 得福
리 약복덕유실 여래불설 득복

德多 以福德無故 如來說 得福
덕다 이복덕무고 여래설 득복

德多
덕다

제20. 離色離相分
이색이상분

須菩提 於意云何 佛可以具足色
수보리 어의운하 불가이구족색

身見不 不也 世尊 如來 不應以
신견부 불야 세존 여래 불응이

具足色身見 何以故 如來說 具
구족색신견 하이고 여래설 구

足色身 卽非具足色身 是名具足
족색신 즉비구족색신 시명구족

色身 須菩提 於意云何 如來 可
색신 수보리 어의운하 여래 가

以 具足諸相見不 不也 世尊 如
이 구족제상견부 불야 세존 여

來 不應以具足諸相見 何以故
래 불응이구족제상견 하이고

如來說 諸相具足 卽非具足 是
여래설 제상구족 즉비구족 시

名 諸相具足
명 제상구족

제21. 非說所說分
비설소설분

須菩提 汝勿謂 如來作是念 我
수보리 여물위 여래작시념 아
當有所說法 莫作是念 何以故
당유소설법 막작시념 하이고
若人言 如來有所說法 卽爲謗佛
약인언 여래유소설법 즉위방불
不能解我所說故 須菩提 說法
불능해아소설고 수보리 설법

者 無法可說 是名說法 爾時 慧
자 무법가설 시명설법 이시 혜
命須菩提 白佛言 世尊 頗有衆
명수보리 백불언 세존 파유중
生 於未來世 聞說是法 生信心
생 어미래세 문설시법 생신심
不 佛言 須菩提 彼非衆生 非不
부 불언 수보리 피비중생 비불
衆生 何以故 須菩提 衆生衆生
중생 하이고 수보리 중생중생
者 如來說 非衆生 是名衆生
자 여래설 비중생 시명중생

제22. 無法可得分
무법가득분

須菩提 白佛言 世尊 佛得 阿耨
수보리 백불언 세존 불득 아뇩
多羅三藐三菩提 爲無所得耶 佛
다라삼먁삼보리 위무소득야 불
言 如是如是 須菩提 我於 阿耨
언 여시여시 수보리 아어 아뇩
多羅三藐三菩提 乃至 無有少法
다라삼먁삼보리 내지 무유소법
可得 是名 阿耨多羅三藐三菩提
가득 시명 아뇩다라삼먁삼보리

제23. 淨心行善分
정심행선분

復次 須菩提 是法平等 無有高
부차 수보리 시법평등 무유고
下 是名 阿耨多羅三藐三菩提
하 시명 아뇩다라삼먁삼보리
以無我 無人 無衆生 無壽者
이무아 무인 무중생 무수자
修一切善法 卽得 阿耨多羅三藐
수일체선법 즉득 아뇩다라삼먁
三菩提 須菩提 所言 善法者 如
삼보리 수보리 소언 선법자 여

來說 卽非善法 是名善法
래설 즉비선법 시명선법

제24. 福智無比分
　　　복지무비분

須菩提 若三千大千世界中 所有
수보리 약삼천대천세계중 소유

諸 須彌山王 如是等 七寶聚 有
제 수미산왕 여시등 칠보취 유

人 持用布施 若人以此 般若波
인 지용보시 약인이차 반야바

羅蜜經 乃至 四句偈等 受持讀
라밀경 내지 사구게등 수지독

誦 爲他人說 於前福德 百分不
송 위타인설 어전복덕 백분불

及一 百千萬億分 乃至 算數譬
급일 백천만억분 내지 산수비

喩 所不能及
유 소불능급

제25. 化無所化分
화무소화분

須菩提 於意云何 汝等勿謂 如
수보리 어의운하 여등물위 여

來作是念 我當度衆生 須菩提
래작시념 아당도중생 수보리

莫作是念 何以故 實無有衆生
막작시념 하이고 실무유중생

如來度者 若有衆生 如來度者
여래도자 약유중생 여래도자

如來 卽有 我人衆生壽者 須菩
여래 즉유 아인중생수자 수보

提 如來說 有我者 卽非有我 而
리 여래설 유아자 즉비유아 이

凡夫之人 以爲有我 須菩提 凡
범부지인 이위유아 수보리 범

夫者 如來說 卽非凡夫 是名凡夫
부자 여래설 즉비범부 시명범부

제26. 法身非相分
법신비상분

須菩提 於意云何 可以三十二相
수보리 어의운하 가이삼십이상

觀如來不 須菩提 言 如是如是
관여래부 수보리 언 여시여시

以三十二相 觀如來 佛言 須菩
이삼십이상 관여래 불언 수보

提 若以三十二相 觀如來者 轉
리 약이삼십이상 관여래자 전

輪聖王 卽是如來 須菩提 白佛
륜성왕 즉시여래 수보리 백불

言 世尊 如我解佛所說義 不應
언 세존 여아해불소설의 불응
以 三十二相 觀如來 爾時 世尊
이 삼십이상 관여래 이시 세존
而說偈言 若以色見我 以音聲求
이설게언 약이색견아 이음성구
我 是人行邪道 不能見如來
아 시인행사도 불능견여래

제27. 無斷無滅分
무단무멸분

須菩提 汝若作是念 如來不以
수보리 여약작시념 여래불이

具足相故 得阿耨多羅三藐三菩
구족상고 득아뇩다라삼먁삼보

提 須菩提 莫作是念 如來不以
리 수보리 막작시념 여래불이

具足相故 得阿耨多羅三藐三菩
구족상고 득아뇩다라삼먁삼보

提 須菩提 汝若作是念 發阿耨
리 수보리 여약작시념 발아뇩

多羅三藐三菩提心者 說諸法斷
다라삼먁삼보리심자 설제법단

滅 莫作是念 何以故 發阿耨多
멸 막작시념 하이고 발아뇩다

羅三藐三菩提心者 於法 不說
라삼먁삼보리심자 어법 불설

斷滅相
단멸상

제28. 不受不貪分
불수불탐분

須菩提　若菩薩　以滿恒河沙等
수보리　약보살　이만항하사등
世界七寶　持用布施　若復有人
세계칠보　지용보시　약부유인
知一切法　無我　得成於忍　此菩
지일체법　무아　득성어인　차보
薩　勝前　菩薩所得功德　何以故
살　승전　보살소득공덕　하이고

須菩提 以諸菩薩 不受福德故
수보리 이제보살 불수복덕고
須菩提 白佛言 世尊 云何菩薩
수보리 백불언 세존 운하보살
不受福德 須菩提 菩薩 所作福
불수복덕 수보리 보살 소작복
德 不應貪着 是故 說不受福德
덕 불응탐착 시고 설불수복덕

제29. 威儀寂靜分
위의적정분

須菩提 若有人言 如來 若來 若
수보리 약유인언 여래 약래 약

去 若坐 若臥 是人 不解我所
거 약좌 약와 시인 불해아소
說義 何以故 如來者 無所從來
설의 하이고 여래자 무소종래
亦無所去 故名如來
역무소거 고명여래

제30. 一合理相分
일합이상분

須菩提 若善男子 善女人 以三
수보리 약선남자 선여인 이삼
千大千世界 碎爲微塵 於意云
천대천세계 쇄위미진 어의운

何 是微塵衆 寧爲多不 須菩提
하 시미진중 영위다부 수보리

言 甚多 世尊 何以故 若是微塵
언 심다 세존 하이고 약시미진

衆 實有者 佛卽不說 是微塵衆
중 실유자 불즉불설 시미진중

所以者何 佛說微塵衆 卽非微
소이자하 불설미진중 즉비미

塵衆 是名微塵衆 世尊 如來所
진중 시명미진중 세존 여래소

說 三千大千世界 卽非世界 是
설 삼천대천세계 즉비세계 시

名世界 何以故 若世界 實有者
명세계 하이고 약세계 실유자

卽是一合相 如來說 一合相 卽
즉시일합상 여래설 일합상 즉
非一合相 是名一合相 須菩提
비일합상 시명일합상 수보리
一合相者 卽是不可說 但凡夫
일합상자 즉시불가설 단범부
之人 貪着其事
지인 탐착기사

제31. 知見不生分
지견불생분

須菩提 若人言 佛說 我見 人見
수보리 약인언 불설 아견 인견

衆生見 壽者見 須菩提 於意云
중생견 수자견 수보리 어의운

何 是人解我所說義不 不也 世
하 시인해아소설의부 불야 세

尊 是人 不解如來所說義 何以
존 시인 불해여래소설의 하이

故 世尊說 我見 人見 衆生見
고 세존설 아견 인견 중생견

壽者見 卽非我見 人見 衆生見
수자견 즉비아견 인견 중생견

壽者見 是名 我見 人見 衆生見
수자견 시명 아견 인견 중생견

壽者見 須菩提 發阿耨多羅三藐
수자견 수보리 발아뇩다라삼막

三菩提心者 於一切法 應如是
삼보리심자 어일체법 응여시
知 如是見 如是信解 不生法相
지 여시견 여시신해 불생법상
須菩提 所言 法相者 如來說 卽
수보리 소언 법상자 여래설 즉
非法相 是名法相
비법상 시명법상

제32. 應化非眞分
응화비진분

須菩提 若有人 以滿無量阿僧
수보리 약유인 이만무량아승

祇世界 七寶 持用布施 若有 善
지세계 칠보 지용보시 약유 선

男子 善女人 發菩薩心者 持於
남자 선여인 발보살심자 지어

此經 乃至 四句偈等 受持讀誦
차경 내지 사구게등 수지독송

爲人演說 其福勝彼 云何爲人
위인연설 기복승피 운하위인

演說 不取於相 如如不動 何以
연설 불취어상 여여부동 하이

故 一切有爲法 如夢幻泡影 如
고 일체유위법 여몽환포영 여

露亦如電 應作如是觀 佛說是
로역여전 응작여시관 불설시

經已 長老須菩提 及諸比丘 比
경이 장로수보리 급제비구 비

丘尼 優婆塞 優婆尼 一切世間
구니 우바새 우바이 일체세간

天人阿修羅 聞佛所說 皆大歡
천인아수라 문불소설 개대환

喜 信受奉行
희 신수봉행

〈금강반야바라밀경 원문 끝〉

사경발원문(寫經發願文)

위대하고 자비하신 부처님!

오늘 제가 지극한 마음으로 사경을 하오니 이 사경 공덕(功德)으로 돌아가신 조상님, 부모님, 일가친지, 이웃 모두 왕생 극락하시고, 저와 가족, 인연 있는 모든 분들이 마음의 평안을 얻고, 슬픔과 고통에서 벗어나 기쁨과 행복을 누리기를 기원합니다.

자비하신 부처님!

감로의 법수(法水)와 진리의 등불을 밝혀주신 부처님,

병이 든 이는 쾌유를, 사업하는 이는 사업 성취를, 학생들에겐 마음의 안정과 지혜를, 취업을 원하는 이에게는 좋은 직장을 얻게 해 주시고, 모든 이들의 소원이 이루어질 수 있도록 가피 내려주시옵소서.

오늘 제가 지극 정성으로 베껴 쓴 사경 공덕으로 복과 지혜가 자라나서 이 경전을 만나는 모든 이들이 몸과 마음 밝아지고, 부처님 법(佛法)을 깊이 깨달아 마침내 성불하기를 진심으로 발원합니다. 또한 부처님의 가르침을 이웃에 전하여 이 땅이 불국토가 될 수 있도록 가피 내려주시옵소서. 자비롭고 위대하신 부처님, 저의 지극한 기원을 받아 주시옵소서.

나무 석가모니불

나무 석가모니불

나무 시아본사 석가모니불.

민족사 사경 시리즈 ❷

금강반야바라밀경(한문)

초판 1쇄 인쇄 | 2023년 8월 10일
초판 1쇄 발행 | 2023년 8월 15일

펴낸이 | 윤재승
펴낸곳 | 민족사

주간 | 사기순
기획홍보 | 윤효진 영업관리 | 김세정

출판등록 | 1980년 5월 9일 제1-149호
주소 | 서울 종로구 삼봉로 81 두산위브파빌리온 1131호
전화 | 02)732-2403, 2404 팩스 | 02)739-7565
홈페이지 | www.minjoksa.org
페이스북 | www.facebook.com/minjoksa
이메일 | minjoksabook@naver.com

ⓒ 민족사 2023

ISBN 979-11-6869-034-9 03220

민족사에서 펴낸 사경 시리즈

《금강경》은 지혜를 성취시켜 주는 경전,

두뇌를 명석하게 해 주는 경전이고,

《아미타경》은 돌아가신 부모님이나 조상님 등 가족의

왕생극락을 발원하는 경전이고,

《관음경(관세음보살 보문품)》은 사업 번창, 소원 성취 등

복덕을 증장시키는 경전이고,

《부모은중경》은 부모님의 은혜를 생각하고 갚는 경전입니다.

저마다 현재 가장 간절한 소원에 따라

경전을 선택해서 사경을 하면 더욱 좋습니다.